Hugo, Erica et Lou sont de Ma[...]
inséparables! Ils passent les va[...]
Ils font du camping à vélo en [...]
l'aventure. Cet été, ils vont vi[...]

ensemble	together
ils vont vivre	they're going to live
inoubliable	unforgettable

Hugo est fatigué. «Oh, les filles! On arrête?» dit-il.
«Pourquoi? Tu es fatigué?» demande Erica, en riant.
«Euh... non! Il est tard et il y a du brouillard»,
répond Hugo.
«Regardez là-bas, il y a un village. On y va,
d'accord?» dit Lou.

on arrête	let's stop
en riant	laughing
il est tard	it's late
du brouillard	fog

«Il est joli, ce petit village. On arrête ici ce soir?» demande Lou.
«Excellente idée!» dit Hugo. «Manger et dormir, génial!»
«Il faut monter la tente avant, n'oublie pas!» dit Lou.

génial	brilliant
il faut	we must
monter la tente	put the tent up

«C'est super, ici. Regardez toutes ces vieilles voitures! » dit Hugo.
«Oui, et les gens portent des vêtements très à la mode!» dit Erica.
Lou voit la mairie. «Je vais demander s'il y a un camping, d'accord? »
«Bonne idée!» dit Hugo. «Il commence à pleuvoir.»

la mairie	town hall
un camping	campsite
pleuvoir	to rain

«Pardon, madame», demande Lou. «Il y a un camping à Kerivel? C'est vraiment super, ici!»
La secrétaire est surprise et elle sourit:
«Vous êtes bizarres! Bon... Pour camper, demandez à Monsieur Le Braz. Il a un champ. Il habite la maison avec les trois petites fenêtres.»

vraiment	really
elle sourit	she smiles
un champ	a field

«Monsieur Le Braz? On peut camper dans votre champ, s'il vous plaît?» demande Erica.
L'homme répond: «Ah non, certainement pas!»
Hugo est surpris. «Oh, s'il vous plaît, monsieur!»
Monsieur Le Braz sourit et continue: «Non, vous ne campez pas ce soir, vous dormez ici, dans des lits! Entrez vite!»

«Bon appétit!» dit Monsieur Le Braz.
«C'est délicieux. Merci pour tout. Vous êtes très gentil!» ajoute Hugo. Il pense au lit chaud et confortable... C'est mieux que la tente!
«Vous ne mangez pas, monsieur?» demande Erica, surprise.
«Euh... je n'ai pas très faim... » répond Monsieur Le Braz.

---

gentil kind
ajoute adds
mieux que better than

«Merci et à bientôt, peut-être!» dit Lou.
«Non, ne revenez pas ici! Adieu!» dit Monsieur
Le Braz. Et il ferme la porte.
Erica ne comprend pas. «Monsieur Le Braz est gentil,
mais bizarre! Pourquoi est-ce qu'il dit: "Ne revenez
pas"?»
Lou sourit: «Tu vois des mystères partout!»

ne revenez pas	don't come back
adieu	farewell
partout	everywhere

Une heure plus tard, Hugo a faim. Il regarde sa montre mais... «Oh non!» crie-t-il. «Je n'ai pas ma montre! Ma belle montre! Elle est dans la chambre, chez Monsieur Le Braz!»
Lou dit: «On retourne chercher ta montre, étourdi!»
Erica dit: «C'est par là.»

sa montre	his watch
chercher	to look for
étourdi	scatterbrain

Ils arrivent au village mais... pas de village! C'est un lac! «Je ne comprends pas», dit Erica. «C'est ici, je suis sûre!»
«Il n'y a pas de village ici», dit Hugo. «Tu as fait une erreur.»
Impossible! Erica sait très bien lire les cartes.
«On demande au monsieur, là-bas?» suggère Lou.

un lac	lake
sait très bien	is very good at
lire les cartes	reading maps

«Pardon, monsieur», dit Lou. «Le village de Kerivel, c'est où?»

Le jeune homme est surpris. «Kerivel? Ça n'existe plus!»

Hugo insiste. «Mais si! Nous avons dormi à Kerivel hier soir. J'ai oublié ma montre chez Monsieur Le Braz.»

«Kerivel... Monsieur Le Braz... Mais vous êtes fous!» dit l'homme.

ça n'existe plus	it no longer exists
nous avons dormi	we slept
hier soir	last night
j'ai oublié	I forgot
fous	crazy

Le jeune homme explique: «Une nuit, en 1954, le barrage casse et Kerivel est englouti. Tous les habitants meurent.»

«Impossible!» crie Hugo. «Vous êtes fou! On a dormi au village...»

«Et Monsieur Le Braz, alors?» demande Lou.

«C'était mon grand-père», dit le jeune homme. «Il est mort cette nuit-là.»

le barrage casse	the dam breaks
englouti	flooded
meurent	die
il est mort	he died

Les trois amis ne parlent pas. Ils sont fous? Non! C'est un rêve? Impossible! Alors, comment expliquer?
Le jeune homme dit: «Vous pouvez plonger dans le lac, pour voir les ruines du village, si vous voulez.»

un rêve   a dream
plonger   to dive

Incroyable, c'est bien Kerivel. Quel cauchemar!
Voilà la place, la mairie... et là-bas, c'est la maison
de Monsieur Le Braz avec ses trois petites fenêtres...

incroyable   incredible
cauchemar   nightmare

Hugo entre dans la maison. Il a peur, Hugo. Lou et Erica aussi! Voilà la cuisine, le salon... Mais là, sur cette pierre, qu'est-ce que c'est? Hugo s'approche. Boum boum boum, son cœur bat comme un tambour! Mais oui, là, sur la pierre, il y a... sa montre!

il a peur	he is afraid
cette pierre	that stone
son cœur bat	his heart's beating
un tambour	a drum

quinze 15

Imagine l'article dans le journal local. Choisis!

1. Trois jeunes fous à Kerivel-lac

2. Mystère à Kerivel-lac: trois jeunes voient des fantômes

3. Trésor dans Kerivel-lac: un jeune homme trouve une montre